# TABLEAUX

## ANCIENS & MODERNES

### Collection de M. X...

# TABLEAUX

## ANCIENS & MODERNES

Collection de M. X...

# CATALOGUE

DES

# TABLEAUX ANCIENS & MODERNES

PAR

Desportes, Guardi, Lefebvre (Jules), Leprince, Mignard,
Oudry, Robert (Hubert), Ziem, etc.

## Collection de M. X...

*ET DONT LA VENTE AURA LIEU*

## HOTEL DROUOT, SALLE N° 6

**Le Vendredi 11 Décembre 1908**

à trois heures

EXPOSITION PARTICULIÈRE : Le Mercredi 9 Décembre 1908

de une heure et demie à cinq heures et demie

EXPOSITION PUBLIQUE : Le Jeudi 10 Décembre 1908

de une heure et demie à six heures.

**Mᵉ LAIR-DUBREUIL**

COMMISSAIRE-PRISEUR

6, rue Favart, 6

**M. Henri HARO**

PEINTRE-EXPERT

14, rue Visconti, et rue Bonaparte, 20

# TABLEAUX

## Anciens et Modernes

## DESPORTES

(FRANÇOIS)

### 1 — *Cygnes et Canards.*

Dans une mare, deux cygnes détachent leur blanc plumage sur un mur de pierre à demi caché dans la verdure. Autour d'eux, quelques canards s'ébattent.

Signé à droite et daté.

Toile. Haut., 1 m. 17 ; larg., 1 m. 43.

## ÉCOLE FRANÇAISE

### 2 — *Amours.*

Dessus de porte.

Toile. Haut., 69 cent. ; larg., 1 mètre.

## ÉCOLE FRANÇAISE

### 3 — *Conversation galante.*

Dessus de porte.

Toile. Haut., 5o cent.; larg., 1 m. o6.

## GUARDI

### 4 — *Le vieil aqueduc.*

Filtrant à travers les arches d'une sorte d'aqueduc en ruines, les rayons du soleil viennent éclairer un groupe de trois personnages; au fond, sous l'une des arches, sur un ciel au ton délicat, un petit temple apparaît dans la verdure.

Cadre bois sculpté.

Toile. Haut., 21 cent.; larg., 18 cent.

## LEFEBVRE

### (JULES)

### 5 — *La Vérité éclairant le monde.*

Au bord d'une source, la vérité est debout, élevant de son bras droit le globe de feu qui doit éclairer le monde; une douce lumière enveloppe son corps diaphane et vient baigner ses longs cheveux flottants.

Signé en bas avec dédicace et daté décembre 1870.

Bois. Haut., 3o cent.; larg., 14 cent.

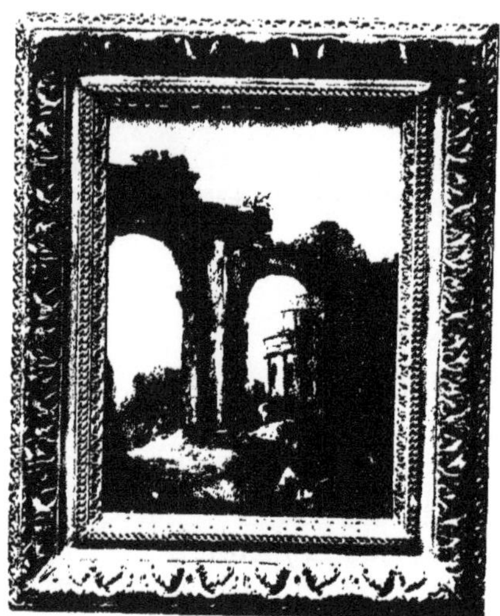

4

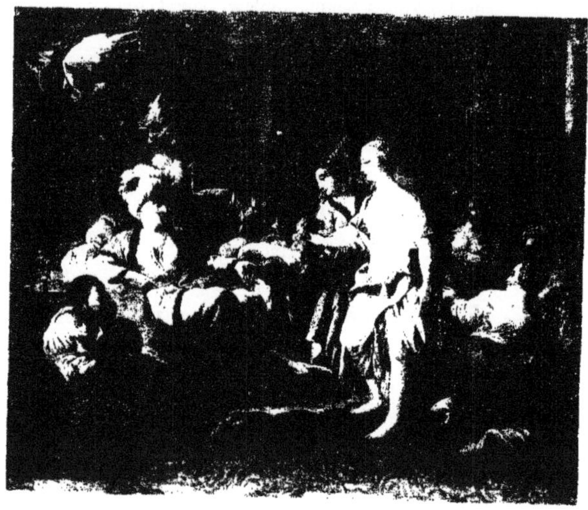

6

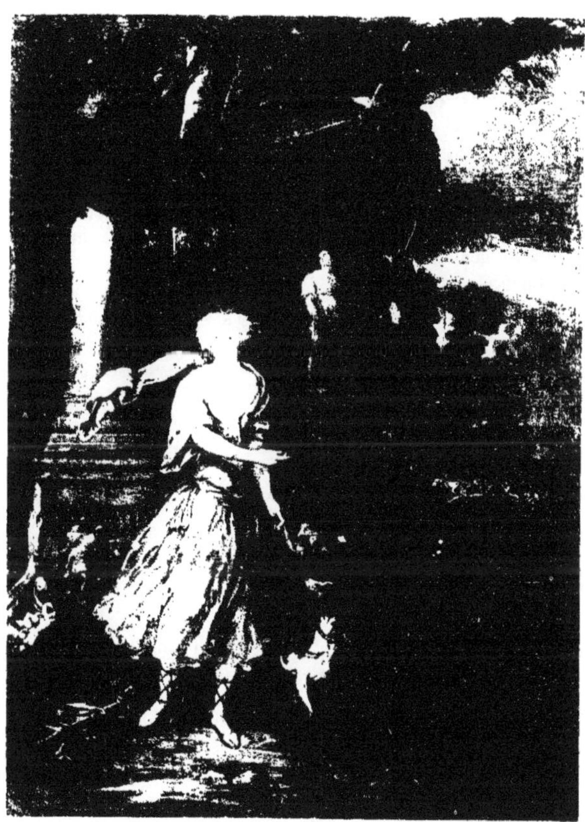

7

# LEPRINCE

## 6 — *Le Pacha*.

Paresseusement assis sur de moelleux coussins, le pacha reçoit les présents de ses sujets. Une draperie violette suspendue au-dessus de sa tête encadre un grand vase doré placé derrière lui ; à ses pieds, un garde du corps, coiffé d'un bonnet rouge, dévisage l'envoyée qui offre les présents : c'est une blonde jeune femme au profil délicat, légèrement drapée d'une chemisette blanche et d'un manteau rouge qui découvre toute une jambe bien faite. Elle offre au prince une toque enrichie de pierreries que lui présente sa compagne, sur un coussin bleu. D'autres suivantes, à genoux, tirent d'un coffre de riches étoffes fine-ment nuancées et rehaussées d'or. A droite, du haut d'un balcon de pierre, quelques esclaves nègres contemplent la scène.

Toile. Haut., 54 cent.; larg., 65.

# MIGNARD

## 7 — *La Marquise de Montespan*.

Dans un parc, au pied d'une fontaine monumentale, elle est représentée sous les attributs de Diane, conduisant deux lévriers dont l'un la regarde, tandis que l'autre se désaltère à l'eau d'une mare ; derrière elle, se dresse une colonne coupée d'une draperie rouge suspendue aux arbres.

Collection de M. Mercier de Niort.

Toile. Haut., 84 cent ; larg., 62 cent.

# MONNOYER

(BAPTISTE)

## 8 — *Bouquet de fleurs.*

Toile. Haut., 50 cent.; larg., 46 cent.

# OUDRY

## 9 — *L'Oiseau de proie.*

Au-dessus de la petite mare bordée de joncs, un oiseau de proie, les serres contractées sous lui, les ailes éployées, fonce sur deux canards venus là pour se désaltérer; ceux-ci, pris de terreur, se roulent à terre emplissant l'air de leurs appels plaintifs.

Collection de la marquise de Juigné.

Toile. Haut., 77 cent.; larg., 1 m. 18.

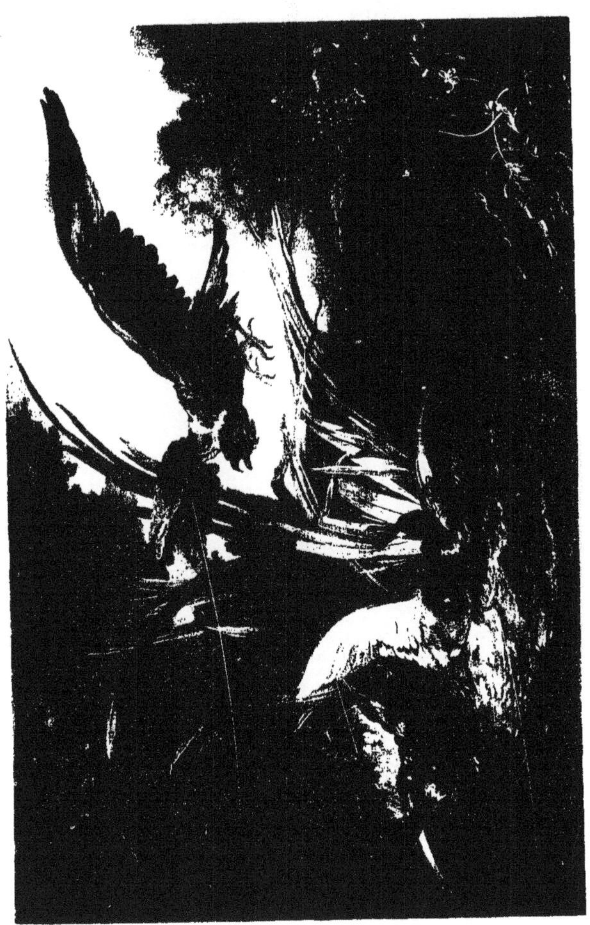

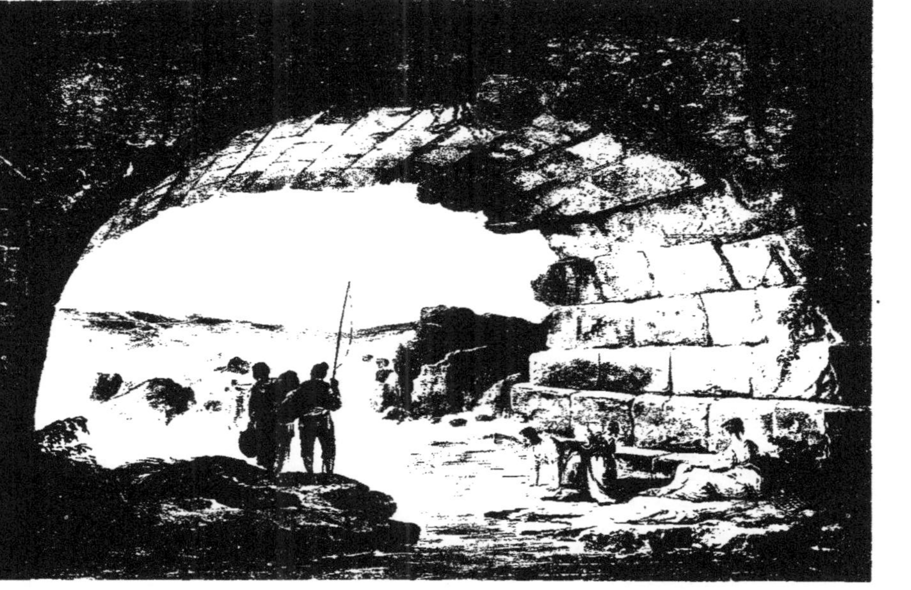

10

# ROBERT

## (HUBERT)

### 10 — *Les Laveuses.*

Sous une arche faite de pierres monumentales, une cascade
soulevant à travers les rochers de hauts jets d'écume vient se
précipiter; dans ses eaux de jeunes femmes lavent leur linge,
tandis que sur la berge un homme portant un fouet parle à une
paysanne qui est venue puiser de l'eau.

Collection du comte de Reilhac.

Toile. Haut., 85 cent.; larg., 1 m. 25.

# ROBERT

## (HUBERT)

### 11 — *La Fontaine rustique.*

A droite, derrière un repli de terrain, apparaît le péristyle
à colonnades d'un Panthéon au toit effrité et garni de plantes
grimpantes. A gauche, c'est une haute colonne surmontée
d'une statue.

Dans l'un des vallonnements du terrain mouvementé,
quelques marches donnent accès à une rustique fontaine de
pierre, où s'abreuve, auprès d'un chien couché, une jeune
paysanne. Sur les marches, un homme au vaste sombrero est
assis vu de dos. Plus haut, au sommet du tertre, d'autres personnages encore: un vieillard appuyé sur un bâton, des bergers,
une jeune femme et son enfant.

Signé sur la fontaine.

Collection du comte de Reilhac.

Toile. Haut., 85 cent.; larg., 1 m. 25.

# ROBERT

## (HUBERT)

## 12 — *Le Temple d'Agrippa*.

Par une longue voûte ornée de niches et de statues, un escalier monumental conduit de l'intérieur du temple à l'air libre: se profilant sur le ciel ou sur les marches, de nombreux personnages se détachent dans une atmosphère plus lumineuse.

A gauche, un feu brille dans l'autel, sur lequel se dresse la statue d'Agrippa soutenue par un imposant motif d'architecture orné de lions et de cariatides. Auprès de l'âtre une femme est debout, portant une torche: sur les dalles quelques mendiants. A gauche, par une porte décorée de cariatides, un homme descend dans un souterrain.

Cadre bois sculpté.

Toile. Haut., 89 cent.; larg., 1 m. 10.

# ROBERT

## (HUBERT)

## 13 — *Les Cascades*.

A travers des rochers d'allure pittoresque, une cascade bondit par chutes successives; sur la rive, deux hommes suivent des yeux le cours de l'eau capricieuse.

Signé du monogramme à droite.

Cadre bois sculpté.

Toile. Haut., 93 cent.; larg., 1 m. 26.

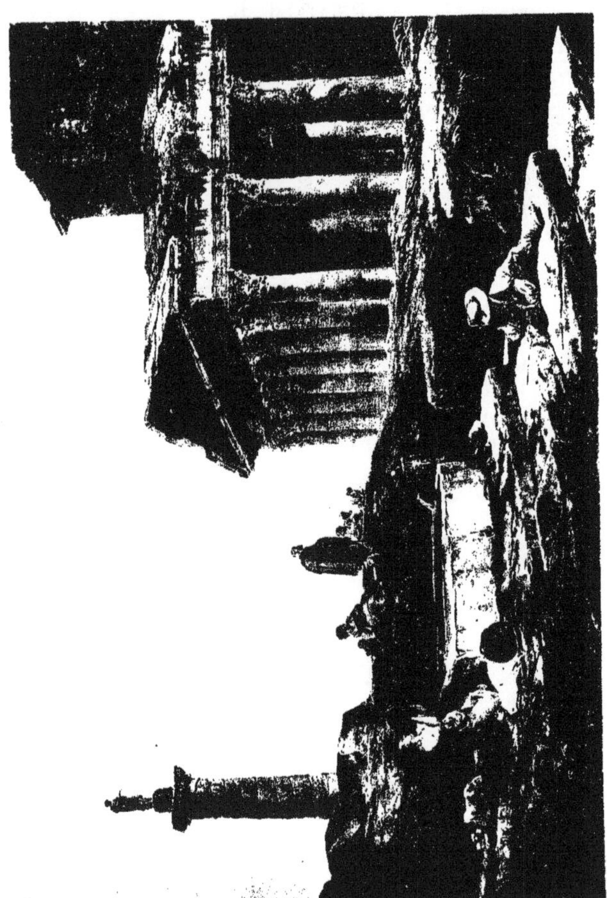

Phototypie Berthaud, Paris

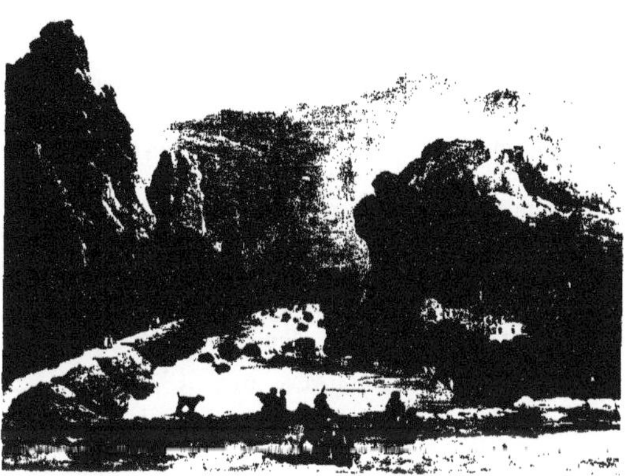

14

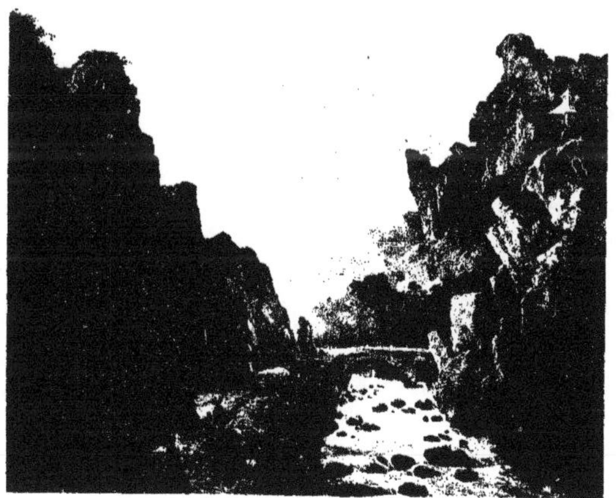

15

# ROBERT

## (HUBERT)

### 14 — *Le Torrent.*

C'est le point où la grande route vient sur un pont de pierre traverser le torrent, où l'eau mugissante vient s'engloutir, bordée à gauche d'un chemin creusé dans le roc. Un chien détache sa maigre silhouette sur le parapet du pont, et sur le chemin un cavalier s'est arrêté, abordé par une femme et un enfant. A droite, un grand rocher de forme fantastique, au flanc duquel un escalier est creusé, surplombe le torrent : une muraille de rocs à pic ferme au fond le paysage.

Toile. Haut., 45 cent., larg., 55 cent.

# ROBERT

## (HUBERT)

### 15 — *Le Ravin.*

Encaissé dans un étroit ravin, le torrent poursuit sa course au milieu des rochers : cependant que vers la gauche, à mi-chemin de la muraille à pic, une route serpente, épousant les méandres de l'eau fugitive. Une certaine animation y règne : des groupes de personnages, un âne et un chien, un grand chariot viennent donner de la vie à ce site grandiose.

Plus loin, un pont jeté sur le torrent relie les deux rives ; puis, la vallée s'élargit. Dominée à droite par un château fort bâti dans les rochers, elle s'étend au loin dans un flot de verdure jusqu'aux collines bleutées qu'enveloppe un brouillard doré par le soleil.

Signé du monogramme à droite et daté 1783.

Toile. Haut., 44 cent., larg., 55 cent.

# VALLIN

16 — *L'Amour conduit par la Folie.*

Bois. Haut., 23 cent.; larg., 32 cent

# ZIEM

17 — *Le Soir sur le Grand Canal.*

Venise. A droite et à gauche du Grand Canal, les palais, les dômes, les clochers, les tours, dominés par les figures symboliques qui protègent la noble cité. Au milieu, une gondole qui s'éloigne, portant deux amoureux. A droite, vers le fond, un bateau aux voiles à demi carguées, et, dans le ciel, l'incomparable féerie du soleil qui disparaît à l'horizon. Sur l'écran lointain de l'azur, la lumière déploie des gazes viel or aux ardeurs mourantes, et des reflets, comme une poussière étincelante, bordent les nuées de la nuit qui s'avance et la crête des petites vagues, qui se heurtent à la surface du canal.

Signé à gauche, en bas.

Collection de M. Zygomalas de Marseille.

Toile. Haut., 82 cent.; larg., 1 m. 19

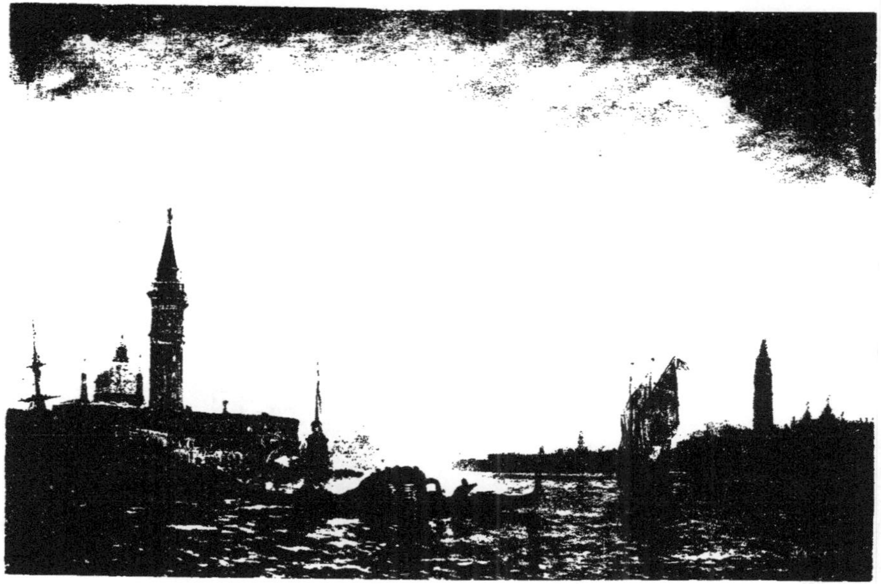

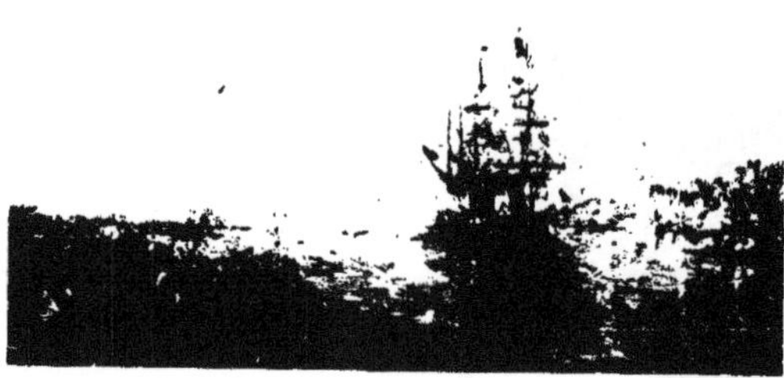

18

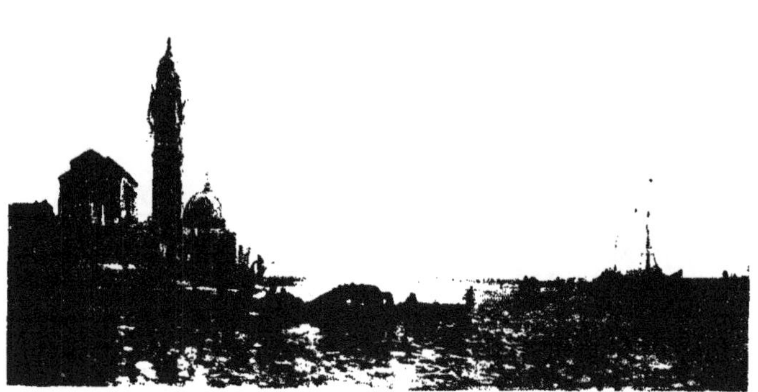

19

# ZIEM

## 18 — *Le coup de canon.*

Sous un ciel très clair d'Orient, un grand vaisseau s'est
avancé dans les eaux du Bosphore d'un vert intense, et vient de
tirer un coup de canon dont la fumée blanche se dissipe.
A droite, c'est le fouillis des dômes et des minarets joyeuse-
ment éclairés. A gauche, sur la berge d'une valeur plus sombre,
quelques manteaux de femme viennent jeter leurs teintes
vives.

Signé en bas et à droite.

Toile. Haut., 32 cent.; larg., 41 cent.

# ZIEM

## 19 — *Soleil couchant.*

A gauche, Venise vient mourir avec un dôme et un haut
campanile décoré d'étendards; puis, c'est la mer. Les derniers
rayons du soleil viennent jeter sur le ciel leurs lueurs mourantes; une gondole reflète les lueurs rouges et vertes de ses
fanions dans l'eau dont les clapotis se peuplent d'ombre avec
la nuit.

Signé à gauche.

Bois. Haut., 43 cent.; larg., 64 cent.

# ZIEM

## 20 — *Stamboul.*

Se mirant une dernière fois dans le bleu d'azur de la mer, le soleil va disparaître; et déjà le haut minaret s'enveloppe de brume; une barque à plusieurs rameurs s'éloigne du rivage.

Signé à droite.

Bois. Haut., 19 cent.; larg., 25 cent.

9017. — Imprimerie MOTTEROZ et MARTINET. Paris.